De: _____

Para: _____

Coleção Vida Cristã

- *As doze grandes promessas do Sagrado Coração de Jesus*
  Celina H. Weschenfelder
- *Com Maria e o Papa Francisco em oração*
  Tarcila Tommasi, fsp
- *Rezando com Nossa Senhora*
  Maria Belém, fsp
- *30 dias com o Imaculado Coração de Maria*
  José Carlos Ferreira da Silva
- *30 dias com o Sagrado Coração de Jesus*
  José Carlos Ferreira da Silva
- *Terço dos homens: uma razão em nossa fé,*
  para uma fé com mais razão – André Luis Kawahala
- *Um mês em oração pela família*
  José Carlos Ferreira da Silva

Ir. Tarcila Tommasi, fsp

GRATIDÃO

Segredo de um amor maior

Dados Internacionais de Catalogação na Publicação (CIP)
(Câmara Brasileira do Livro, SP, Brasil)

Tommasi, Tarcila
Gratidão : segredo de um amor maior / Tarcila Tommasi. –
São Paulo : Paulinas, 2020.

24 p. (Coleção Vida Cristã)

ISBN 978-85-356-4631-3

1. Gratidão - Aspectos religiosos - Cristianismo 2. Vida cristã
I. Título II. Série

20-1486   CDD 284.4

Índice para catálogo sistemático:

1. Gratidão : Vida cristã   284.4

Angélica Ilacqua - Bibliotecária - CRB-8/7057

Direção-geral: *Flávia Reginatto*
Editora responsável: *Marina Mendonça*
Copidesque: *Mônica Elaine G. S. da Costa*
Coordenação de revisão: *Marina Mendonça*
Revisão: *Equipe Paulinas*
Gerente de produção: *Felício Calegaro Neto*
Capa e diagramação: *Tiago Filu*

1ª edição – 2020
2ª reimpressão – 2023

*Nenhuma parte desta obra poderá ser reproduzida ou transmitida
por qualquer forma e/ou quaisquer meios (eletrônico ou mecânico,
incluindo fotocópia e gravação) ou arquivada em qualquer sistema ou
banco de dados sem permissão escrita da Editora. Direitos reservados.*

Paulinas
Rua Dona Inácia Uchoa, 62
04110-020 – São Paulo – SP (Brasil)
Tel.: (11) 2125-3500
http://www.paulinas.com.br – editora@paulinas.com.br
Telemarketing e SAC: 0800-7010081
© Pia Sociedade Filhas de São Paulo – São Paulo, 2020

"Deem graças por tudo.
Porque esta é a vontade de Deus
para vocês em Cristo Jesus"
(1Ts 5,18).

Apresentação

Gratidão é muito mais que dizer "obrigado" para alguém. É sentir dentro de seu coração um lindo sentimento que reconhece o bem que outra pessoa lhe fez e que ajudou em qualquer momento da vida. Este sentimento suscita em nós uma espécie de "dívida", que se traduz no reconhecimento, e pode ser expresso em palavras, atitudes, boas ações, ou outras iniciativas de seu coração.

Este sentimento também nos remete ao maior benfeitor da vida: a Deus que nos chamou à vida e nos deu as condições para sustentá-la. Diante dele todo ser humano para, reconhece e, em vez de pedir, agradece...

Este agradecimento se estende também a outras pessoas que nos beneficiaram.

Mas este é o seu segredo de gratidão...

A autora

GRATIDÃO É...

Cultivar a memória agradecida...
Despertar para o positivo...
Reconhecer o valor dos outros...
Celebrar o bem recebido...
Descobrir novo modo de interpretar os acontecimentos...
Perceber certas maravilhas invisíveis aos olhos...
Devolver-nos a alegria de viver...
Descobrir o maior benfeitor de nossa existência:
A Trindade:
Pai Eterno,
Jesus Cristo, nosso Salvador
e o Espírito Santo, nosso Iluminador.

Sonho de Deus

Todo ser humano é um projeto de Deus, que nos fez semelhantes à sua imagem. Colocou-nos neste mundo para que nos deixemos conduzir por ele e para que, assim, possamos ser felizes.

A vida é, na realidade, um milagre. Para percebê-lo, experimente tomar consciência do movimento de inspirar e expirar... Sinta o contato dos pés com o chão, ao andar... Sinta o roçar do vento no corpo... Perceba o calor do sol que aquece... Escute os vários sons que chegam a seus ouvidos... Olhe para o imenso céu azul...

Essas percepções nos fazem tomar consciência de estarmos vivendo em meio a inumeráveis maravilhas. Elas nos dão alegria de viver.

Atitude oracional

Obrigado, Senhor Deus criador, pela vida que nos destes. Tudo nos leva ao sentimento de gratidão. Evitemos a pressa que nos impede de perceber essas maravilhas.

De bem com a vida

A pessoa agradecida pensa com o coração. Reconhece e valoriza o ser humano que ela é, o mundo em que vive; é capaz de se relacionar bem com os outros, com a família, com o grupo de trabalho; é feliz ao participar de alguma comunidade.

Para ela, a gratidão não é apenas um sentimento, mas uma disposição interior que leva a uma vivência feliz todos os dias.

Atitude oracional

Senhor Deus, nós desejamos ser e viver como pessoas agradecidas. Sabemos que tudo é dom divino, mas que é preciso haver empenho pessoal e amor-doação ao próximo.

Qualifica nossa vida, Senhor e Pai.

HÁ DIREITOS?

Muitas pessoas têm dificuldade de ser agradecidas... Elas acham que têm direitos a receber muitas coisas: um reconhecimento, um presente de aniversário, uma lembrança de amizade, até mesmo uma gratificação devida a algum favor realizado.

O cristão age de modo diferente: procura aumentar seu sentimento de gratidão porque se baseia nas promessas de Deus, e nelas se alicerça para fazer seus pedidos. Aquele que crê na Palavra divina, confia na fidelidade de Deus e nas suas promessas. Diz a carta aos Hebreus: "Pela fé eles viram cumpridas as promessas" (Hb 11,33). O apóstolo Paulo escreveu a seus discípulos: "Sois filhos da promessa" (Gl 4,28).

Atitude oracional

Com o orante do Sl 119, nós também dizemos a Deus: "Alegro-me nas vossas promessas". Confiamos na vossa fidelidade porque sempre fostes fiel às vossas promessas de salvação.

A história da vida

De vez em quando, faz bem recordar a história da vida: reconhecer tudo o que recebemos de nossos pais. Neles, também encontramos seus limites e fraquezas, mas isto é muito normal porque eram e são humanos. Deram-nos a vida, o sustento, a dedicação, o carinho. Houve momentos menos bons, que reconhecemos; mas ao mesmo tempo agradecemos a correção que nos aplicaram. Isto não nos impede de aceitar as consequências positivas que colaboraram para nosso crescimento moral.

Atitude oracional

Senhor Deus, nós vos agradecemos por sermos criaturas, e, como tal, dependermos de vós. Somos vossos filhos (cf. 1Jo 3,1).

Ser filho de Deus é motivo de alegria. E quem pode vangloriar-se desse título que nos foi doado por amor e misericórdia?

Quem ama de verdade

Nas comunicações atuais, fala-se muito em amor, mas pouco em gratidão. Na realidade, porém, o amor supõe a gratidão. Certo é o provérbio: "Quem não sabe agradecer, não sabe amar".

É a gratidão que torna presente o passado; torna positivo o pensamento e o educa para o reconhecimento e a amizade.

Jesus era muito sensível ao agradecimento. Ao curar os dez leprosos, ficou triste ao ver que só um deles voltou para agradecer: "Não são dez os curados? Nenhum outro voltou para glorificar a Deus senão este estrangeiro?" (Lc 17,11-19).

Ele mesmo agradecia ao Pai eterno ao realizar algum prodígio: "Pai, dou-vos graças, porque me ouvistes" (Jo 11,41).

Atitude oracional

Admirável é a comparação bíblica: "Palavras amáveis são favo de mel: doce ao paladar, saúde para os ossos" (Pr 16,24). Senhor e Pai, que nossas palavras sejam sempre pensadas, antes que as pronunciemos, e que correspondam sempre à verdade.

Perdoar é humilhação?

A família é composta de pessoas. Seja no local de estudo, de trabalho, seja na sociedade, estamos sempre em contato com outras pessoas. Todos nós temos qualidades, como também fraquezas que requerem compreensão e, muitas vezes, perdão por parte dos outros. Pedir perdão é humilhante?

Jesus, o divino Mestre da humanidade, ensinou que não há maior amor que dar a vida pelos amigos (Jo 15,13). Dar a vida é ser compreensivo, bondoso, ajudar, oferecer aquilo de que nosso próximo necessita. É doar o melhor de nós mesmos: isto é, aquilo que constrói amizade, família, sociedade, pessoas de bem.

Atitude oracional

Obrigado, Senhor, porque a gratidão nos abre ao sentido da vida para reconhecermos nossa própria realidade, para acolhê-la, acreditando que Deus conduz a história, os acontecimentos do mundo. Apliquemos isso também com respeito ao nosso próximo, pois sabemos que Deus é poderoso e sabe extrair o bem de todas as situações.

O UNIVERSO É DE PAZ

Quando olhamos para o céu... quando admiramos a natureza... ou quando andamos por um parque, sentindo o perfume que as flores espalham... Tudo isso desperta em nós a gratidão ecológica e, através dela, entramos em comunhão com aquele que tudo criou.

Com isso, é possível perceber de que forma todas as criaturas continuam o projeto e o relacionamento com a força e a vitalidade de seu Criador:

- Toda a natureza, com sua floração, continua louvando a seu Criador.
- As árvores, quando dão seus frutos, chegam à plenitude a qual são destinadas por seu Criador.
- Os pássaros, com seu canto, alegram as pessoas e, ao mesmo tempo, louvam ao Senhor.
- Os animais, no curso natural de suas vidas, participam também dessa louvação.

Atitude oracional

O livro dos Salmos, na Bíblia, nos convida ao louvor: "Deem graças a Deus, o Senhor, porque ele é bom, e seu amor dura para sempre. Quem pode louvá-lo (e agradecê-lo) como ele merece?" (Sl 106,1-2).

Evangelizar agradecendo

O apóstolo Paulo escreveu várias cartas às comunidades evangelizadas por ele; muitas vezes, iniciava-as com palavras de gratidão. Assim, aos Filipenses, escreve: "Sempre que penso em vocês, eu agradeço ao meu Deus. E todas as vezes que oro em favor de vocês, oro com alegria por causa da maneira como vocês me ajudaram no trabalho de anunciar o Evangelho, desde o primeiro dia até hoje" (Fl 1,3-5).

Agradecendo, Paulo demonstra também seu carinho e sua amizade fraterna para com seus discípulos. De fato, ele acrescenta: "Vocês estão sempre no meu coração" (v. 7).

Atitude oracional

Agradecer todas as pessoas que influíram em nossa formação, em nosso crescimento intelectual, moral e espiritual, é realizar um gesto de amor. Muitas foram as pessoas que me ajudaram: meus pais, professores, catequistas, talvez também meus irmãos maiores. A todos eles(as) ofereço meu agradecimento. E, com o apóstolo Paulo, afirmo: "Todos vocês estão em meu coração".

Sempre é tempo

Quase tudo na vida é gratuito. Mas isso não dispensa nosso empenho em mudar algumas atitudes, como, por exemplo, a de mostrar-nos indiferentes com relação a algumas pessoas, ou a de agirmos com descaso quando alguém se oferece para nos prestar algum favor. Se, por acaso, encontrarmos em nós algumas dessas "reações", aproveitemos para mudar nossas atitudes.

A gratidão atrai a amizade; o perdão traz a paz.

Atitude oracional

O divino mestre de Nazaré ensinou-nos: "Pai, perdoai as nossas dívidas, assim como nós perdoamos aos nossos devedores"... (Mt 6,12).

Como gesto de misericórdia e consolação para conosco, Jesus deu aos apóstolos e à Igreja o poder de perdoar os pecados, ao dizer-lhes: "Recebei o Espírito Santo! Os pecados daqueles que vocês perdoarem, serão perdoados. Os pecados daqueles que vocês retiverem, não serão perdoados" (Jo 20,22-23).

Obrigado, Senhor Jesus, pela vossa misericórdia

Pedras no caminho...

É fácil sermos gratos às pessoas a quem amamos, ainda mais quando o amor é recíproco. Mas e quando convivemos com pessoas difíceis, negativas, ou que teimam em suas opiniões nem sempre aceitáveis... O que podemos fazer nesses casos?

Vamos refletir: como bom pedagogo, Deus, que é Pai, permite essas situações para podermos nos conhecer melhor, para corrigirmos algumas de nossas fraquezas, para burilarmos as arestas do nosso caráter. Todas essas coisas são como pedras no nosso caminho, e temos que enfrentar essas situações com resiliência.

Depois de superadas essas fraquezas, podemos agradecer a quem as despertou em nós.

Atitude oracional

Com o salmista da Bíblia, façamos nossa oração: "Na minha aflição clamei ao Senhor, e ele me respondeu e me livrou da angústia... É melhor confiar no Senhor do que depender dos seres humanos" (Sl 118,1.9).

Máxima gratidão

Uma jovem abordou-me na rua para perguntar: "Como ser grata, num mundo tão individualista, onde as pessoas agem como se o outro não existisse?".

Procurei recordar o que o divino Mestre Jesus não só ensinou, mas viveu. Quando as autoridades do seu tempo estavam tramando como eliminá-lo da sociedade, Jesus procurou ser fiel ao projeto de amor de sua vida: entregá-la para a salvação da humanidade, aceitando a morte numa cruz, a mais horrenda e sofrida das mortes.

Por amor, ele pagou por nossas dívidas... Não pediu resgate... "Pregou na cruz o papel que continha nossa condenação" (Cl 2,14), diz o apóstolo Paulo.

Quem de nós, redimidos, retribuiu, em agradecimento, oferecendo a Deus a própria vida?... Quem participa do mistério da Eucaristia, que acontece na santa missa, e busca a comunhão com Jesus no seu sacrifício de morte e ressurreição?

Coragem! Ele está com você.

Atitude oracional

Pai, serei sempre mais feliz se lembrar que, em questão de amor, vós, meu Deus, tendes sempre o primeiro lugar, sois sempre SUPERMAIS. Minha humilde resposta é conservar um coração agradecido.

Canto memorial

Maria santíssima, a Mãe de Jesus Cristo, reconhece as maravilhas que Deus realizou em sua vida. Ao encontrar sua prima Isabel, seu coração vibrou com o mais belo canto de agradecimento:

"Proclama minha alma a grandeza do Senhor,
alegra-se meu espírito em Deus, meu salvador,
que olhou para a humildade de sua serva.

A partir de agora, todas as gerações
me chamarão bem-aventurada.
Porque o poderoso fez coisas
grandiosas para mim!
Santo é seu nome, e sua misericórdia,
de geração em geração,
é para aqueles que o temem.

Ele realizou proezas com seu braço:
dispersou os planos dos soberbos,
derrubou do trono os poderosos
e elevou os humildes,
cumulou de bens os famintos
e despediu vazios os ricos.

Auxiliou Israel, seu servo,
lembrando-se da sua misericórdia,
como prometera a nossos pais,
em favor de Abraão e de sua descendência
para sempre" (Lc 2,46-55).

Rua Dona Inácia Uchoa, 62
04110-020 – São Paulo – SP (Brasil)
Tel.: (11) 2125-3500
http://www.paulinas.com.br – editora@paulinas.com.br
Telemarketing e SAC: 0800-7010081